RICARDO SOARES RUSSO

DEZ ERROS E UNS APRENDIZADOS

um manual reverso (e real) para detectar as roubadas que vão levar você e seu negócio para o buraco, e como esquivar-se delas

EDITORA
Labrador

CB056906

Copyright © 2021 de Ricardo Soares Russo
Todos os direitos desta edição reservados à Editora Labrador.

Coordenação editorial
Pamela Oliveira

Preparação de texto
Laila Guilherme

Assistência editorial
Larissa Robbi Ribeiro

Revisão
Laura Folgueira

Projeto gráfico, diagramação e capa
Amanda Chagas

Dados Internacionais de Catalogação na Publicação (CIP)
Jéssica de Oliveira Molinari - CRB-8/9852

Soares, Ricardo Russo
 Dez erros e uns aprendizados : um manual reverso (e real) para detectar as roubadas que vão levar você e seu negócio para o buraco, e como esquivar-se delas / Ricardo Russo Soares. -- São Paulo : Labrador, 2021.
 64 p.

ISBN 978-65-5625-199-8

1. Autoajuda 2. Desenvolvimento pessoal I. Título

21- 4718   CDD 158.1

Índice para catálogo sistemático:
1. Autoajuda

Editora Labrador
Diretor editorial: Daniel Pinsky
Rua Dr. José Elias, 520 — Alto da Lapa
05083-030 — São Paulo/SP
+55 (11) 3641-7446
contato@editoralabrador.com.br
www.editoralabrador.com.br
facebook.com/editoralabrador
instagram.com/editoralabrador

A reprodução de qualquer parte desta obra é ilegal e configura uma apropriação indevida dos direitos intelectuais e patrimoniais do autor. A editora não é responsável pelo conteúdo deste livro.
O autor conhece os fatos narrados, pelos quais é responsável, assim como se responsabiliza pelos juízos emitidos.

*Ao meu finado pai,
que me ensinou a ser bravo.*

*A Beth Russo, minha mãe,
que me ensinou a ser persistente.*

*À minha filha, meu anjo, minha motivação,
que me ensinou a ser uma pessoa melhor
e mais calma.*

*Aos meus Guias da Umbanda,
que na hora "h" chegaram junto. Me ensinaram a arte
da paciência. Me reensinaram a prática da fé.
Saravá!*

*O esforço nunca mente.
Eu não acredito em talento.*

Meu filho, a vida possui regras.
Quem quebra tem que consertar,
mas antes vai se cortar nos cacos. Vai sangrar.
Quem suja tem que limpar,
mas antes há de se sujar também.
Quem deixa doente há de curar, mas também vai sentir
cada um dos sintomas que provocou.
Você quebrou, se cortou, sangrou e recolheu os cacos.
Você sujou, se sujou, mas se limpou.
Você adoeceu, mas também curou. E se curou.
Pediu perdão sincero, se perdoou, perdoou e foi perdoado.
Seu arrependimento é sincero e seu aprendizado também.
Você já não é mais o mesmo.
Fica tranquilo, isso chega ao fim.
Meu filho, eu sou o seu Caboclo, e a partir de agora
os seus caminhos voltam a se abrir.

São Paulo, agosto de 2019

Sumário

Apresentação — 11

1. Arrume um mantenedor rico — 13
2. Perca o foco — 16
3. Seja arrogante — 20
4. Olhe (apenas) para o lado — 24
5. Não pense antes de agir — 27
6. Seja incapaz de fazer autocrítica para ver que sua ideia não é boa — 30
7. Alie-se às pessoas erradas — 32
8. Insista no mesmo erro (o nome disso é burrice) — 42
9. Use mal o seu dinheiro — 47
10. Confie no seu "melhor amigo" — 51
11. Recolha os cacos — você aprendeu — é hora da virada — 57
12. Agradeça — 60

Apresentação

Meu nome é Ricardo. Sou Advogado, um empreendedor na advocacia. Tive um começo de carreira arrasador e bem-sucedido em todas as frentes: financeira e estrutural. Focado, eu sabia o que queria.

Como se não bastasse a arrogância natural da juventude, tudo isso (o sucesso) temperou essa condição, e aí, meus amigos, fiquei surdo e cego a todos os alertas que a vida e as pessoas me deram. Esse foi o começo do caos.

Essa nebulosa caminhada se iniciou em 2013, mais precisamente em duas épocas daquele ano: em maio, quando descobri que meu pai estava com câncer e não ia mais poder trabalhar, o que me fez mudar de planos totalmente (e mais para a frente veremos que isso foi mais um erro crucial e totalmente evitável); e, poucos dias depois, nas manifestações de junho de 2013, quando me deslumbrei com um momento político que explodia em São Paulo contra o aumento das passagens do transporte público, que também descambou para uma nova série de reivindicações político-sociais. Achei que poderia angariar algo por aí. Ledo engano.

Assim começa a minha caminhada absolutamente torta, onde eu parto do nada rumo a lugar nenhum.

Hoje, passada essa caminhada nebulosa, aliviado, mais esperto e recuperado, consigo enxergar de fora quais passos dados por mim implodiram meu projeto de vida e me implodiram como ser humano.

Eu procuro, neste manual pautado na minha experiência de vida, alertar a todos os amigos, colegas e leitores a desviarem dessas roubadas que, acreditem, estão ao nosso lado, à frente dos nossos olhos, bem debaixo do nosso nariz, com um "pisca-pisca" acendendo e dizendo "roubada, roubada, roubada, roubada", e que, sabe-se lá por que raios, a gente não enxerga nem ouve nada nem ninguém. Algo que faz com que recaia sobre você uma energia ruim, que faz com que você pense errado, fale errado, aja errado. O resultado disso você já sabe: trevas.

Literalmente, salve-se quem puder.

Boa leitura!

1

Arrume um mantenedor rico

No meu caso, casei-me com uma mulher rica.

Mas o que isso pode ter de ruim, meu Deus do céu?

Nada!

A não ser que você seja um completo idiota que nem o autor deste livro foi, a ponto de usar essa condição que todo mundo pediu a Deus contra você.

Quando você tem um pai rico, uma mãe rica, um avô ou uma tia que te banca, CRESÇA!

Use essa condição como mola propulsora para ficar tranquilo e sem preocupações financeiras para poder focar no planejamento sereno do seu empreendimento. Sente, planeje, anote, trabalhe duro, faça mais, cada dia um pouco mais. Você está tranquilo, suas contas estão pagas. Não vai faltar nada. Coloque toda a energia no desenvolvimento do seu negócio.

O que foi que eu fiz de errado? Vamos lá.

Existe um ditado que diz que "o ouro na mão de um tolo vira pedra, na mão de um sábio vira riqueza".

Eu ainda estava bem financeiramente quando comecei a ficar entorpecido por uma série de outras coisas e fatores que nada tinham a ver com o meu cotidiano comum, como trabalhar sério e focado, treinar, ir para casa ficar com a minha esposa, consertar as coisas no escritório do meu pai (que havia ficado doente e parado de trabalhar), tentar equilibrar o meu projeto com o empreendimento dele (sim, isso era possível), mas não.

Eu mudei completamente de direção: encarei o escritório do meu pai, que eu havia assumido como um problema que precisava ser resolvido o quanto antes, com um espírito de "agora vou ensinar o meu pai o que ele deveria ter feito" (arrogância nível hard), e o objetivo profissional que eu tinha ficou em segundo plano por motivos que até hoje eu mal sei explicar.

Quando eu vi, em pouco tempo estava enxugando gelo.

Não estava mais focado no meu projeto, meu trabalho ordinário não importava mais, eu ficava uma boa parte do dia fora do escritório perdendo tempo com gente que em nada me agregava, com assuntos que não tinham por que ter a minha atenção. Deixei de trabalhar a minha mente e o meu corpo com atividades como esporte, leitura, lazer etc. e, como se não bastasse, nem assumi como deveria o negócio do meu pai e deixei que o meu começasse a se perder.

Mas o que isso tem a ver com o título deste capítulo?

Em vez de usar essa condição conforme exemplificado anteriormente, eu simplesmente fiz uso dele apenas para me socorrer. Na verdade, joguei todas as contas de casa na mão da minha então esposa, afinal de contas, em vez de pensar "estou estável financeiramente e posso usar isso para, tranquilamente, seguir fazendo o que eu faço e, ao mesmo tempo, planejar novos passos para os meus objetivos", pensei: "que se dane, ela segura as contas, agora estou cheio de problemas e posso focar em outras coisas (que em nada tinham a ver comigo)".

Entenderam?

Na primeira situação, eu não precisaria me desesperar nem me apressar, até porque, de um jeito ou de outro, eu meio que já estava "bem-sucedido" financeiramente. Eu poderia continuar trabalhando direito e com afinco (e eu era muito bom e caprichoso no que fazia) e projetar com calma e serenidade novos desafios, em doses homeopáticas de tentativa e erro, até atingir o acerto no tempo certo, sem perder aquilo que eu já tinha.

Na segunda situação eu parei de pensar, fiquei focado nos problemas, me misturei com um monte de gente sanguessuga, perdi completamente o foco e, em vez de parar e refletir, eu simplesmente usei a tal "segurança financeira" para não ter que pensar e saí fazendo aquilo que me dava na telha — não com o dinheiro dela —, porque sabia que em casa não ia faltar nada.

Logo, a barra de ouro se transformou em mero pedaço de pedra para ser tacado na cabeça de alguém.

Use a estabilidade financeira a seu favor e não a favor dos seus erros, do seu comodismo e da sua falta de objetividade. Ela será como um punhado de sementes e suas ações é que vão semeá-las.

Esse foi o meu primeiro erro.

2

Perca o foco

Dando continuidade à saga perdedora, conforme vimos no capítulo anterior, "fiquei tranquilo" com a condição financeira que eu tinha para não precisar focar.

Amigo, se você tem um objetivo, seja como uma flecha que, após lançada pelo arco e pelo arqueiro, só para quando chega a algum destino, ainda que esse destino não seja exatamente o alvo. A algum lugar ela chega, isto é, não para no meio do caminho nem faz curvas.

Foi então que comecei a me envolver com ativismo político-social. Enfiei na minha cabeça (arrogante) que o escritório do meu pai era um problema que precisava ser controlado ou combatido e que eu não teria condições de resolver (arrogante e incompetente) e que, por causa disso, não poderia mais tocar adiante a vontade que eu tinha de expandir meu escritório, ou seja, de manter o foco nos meus objetivos.

Por isso, comecei a ir desenfreadamente em busca de sócios para me ajudar com o escritório do meu pai, e tive a péssima ideia de chamar o pessoal "das ruas" para isso. Transformaram meu escritório num palanque de socialistas malucos "antissistema", de articulações que nada tinham a ver com a advocacia (minha meta), e eu achava aquilo incrível.

"Olha o que eu estou proporcionando!"

"Meu escritório é o point, e nesse momento isso é mais importante que qualquer outra coisa."

Em resumo, eu trabalhava para que eles pudessem não trabalhar e focar na luta por um mundo melhor. Eu havia sido dopado por alguma droga que até agora não sei o que é, como se chama e de modo eu a consumi, mas estava dopado... Só podia ser isso.

Não há absolutamente nada de errado em ser socialista, em querer mudar o mundo, em lutar contra um sistema etc. Mas não faça isso quando estiver focado em algo!

Vamos lá.

Se eu estivesse focado, andando em linha reta, voando como uma flecha rumo ao alvo, observe como tudo teria ficado mais fácil: eu manteria meu trabalho no meu escritório de advocacia trabalhista de trabalhadores e de empresas de maneira séria, concentrada, caprichosa e próspera, como sempre foi.

Para tocar o escritório do meu pai, eu simplesmente contrataria alguém técnico nas demais áreas em que ele atuava e pagaria um salário para esse profissional que, à época, deveria custar, no máximo, mas no máximo mesmo, uns 3 mil reais, e o caixa tinha essa condição.

De vez em quando, dentro de um limite de dias ou horas ou os dois estabelecidos no mês ou na semana, eu poderia participar dessas questões sociopolíticas, exercendo-as apenas no tempo em que eu me dispunha a exercê-las, sem misturar uma coisa com a outra.

Eu poderia seguir elaborando meus projetos profissionais sem abdicar do que eu já fazia, controlar o escritório do meu pai junto com o meu e, ao mesmo tempo, ter transformado isso em um passo do meu projeto de expansão, praticar o ativismo nas horas vagas e ficar tranquilo porque, além de estar trabalhando, o dinheiro não era um problema na minha vida.

Perceberam que, com uma ou duas medidas serenas, tudo estaria resolvido sem curvas ou outros melindres?

Acontece que perder o foco é como dirigir um carro em linha reta numa estrada e, de repente, virar o volante para um dos lados e ir com o veículo para fora da pista, ou, simplesmente, perder o volante e deixar que o carro decida que direção seguir.

Quando você perde o foco, *você não mergulha nas dúvidas porque você nem sequer as tem.*

Você mergulha num mar de um monte de coisas que fazem com que você gire em círculo.

O ciclo da procrastinação começa a fazer parte do seu cotidiano, isto é: chega ao escritório, abre o Facebook e paga textão, comenta textão dos outros, vê um monte de notícias revoltantes, para, toma uma água, vai ao banheiro, abre o WhatsApp, bate um papo com alguém, afinal de contas sua empresa, que representa seu sustento e seu ganha-pão, já não é foco principal, e isso ocorre por um motivo muito simples: não é mais o seu foco! Você o perdeu!

Não confunda perder o foco com mudar de foco.

Mudar de foco é assim: você está na praia, com o pé na areia, mas não quer mais esse ambiente. Então avista uma ilha relativamente próxima, entra no mar e nada até essa ilha sem parar, ainda que com alguns descansos no meio do caminho apenas para tomar fôlego. Você saiu de um ponto e só parou quando chegou no outro. Veja, você mudou de foco.

Perder o foco é quando você está na mesma situação, mas no meio do caminho, enquanto está nadando para chegar à ilha, você para, brinca com as tartarugas, com os golfinhos, resolve recolher sujeiras do alto-mar, bate um papo com alguém que passou de lancha, e, quando percebe, a maré mudou e a correnteza virou contra você dificultando sua remada, ou seja, a chegada ao seu destino. Sabe por quê? Porque você perdeu tempo na travessia.

Você saiu de um ponto para chegar a outro, mas se perdeu com um monte de coisas no meio do caminho. Portanto, você saiu de onde estava e não chegou aonde queria.

Nesse exemplo, você se afogou.

E se afogou porque perdeu tempo.

Basicamente, perder o foco é perder um tempo precioso.

Não perca seu tempo!

Não perca seu foco!

Eis o meu segundo erro. Mais um que você não deve cometer.

3

Seja arrogante

— Oi, tudo bem? — um cara jovem e bonito veio falar comigo no Fórum Trabalhista Ruy Barbosa, vulgarmente apelidado de Lalau, por causa de um escândalo de corrupção. Nicolau era o nome de um dos envolvidos no escândalo de corrupção e desvio de verbas durante a construção daquele prédio público. Daí o trocadilho... Nicolau-Lalau.

— Tudo bem, sim, e você? — respondi e pensei: "Quem é esse cara?".

— Você é o Ricardo Russo, não é? Eu sei quem é você. Eu conheço a sua esposa.

— Ah, é? De onde você conhece minha mulher? — repliquei.

— Sou cliente da clínica dela.

— Pô, que legal! Qual o seu nome? (Preste atenção neste trecho.)

— Eu me chamo Afonso.

— Afonso...

— Afonso Paciléo.

— Ah, legal, já ouvi falar de você. (Você já vai entender por que lhe pedi para prestar atenção.)

E assim a conversa seguiu por mais alguns minutos com aquele cara legal, bonito e simpático.

Afonso Paciléo... Um cara de quem eu já tinha ouvido falar.

Já cruzei com algumas petições dele no meu escritório, quando ele estava pelo autor e eu, pela empresa.

"Esse Paciléo deve ser um coitado!"

"Vou jantar esse cara!", pensava o arrogantíssimo Ricardo.

O cara veio na maior humildade falar comigo, se apresentar, dizer que me conhece e que conhecia a minha esposa. Logo eu: um ninguém.

"Ah, já ouvi falar de você, Afonso..." (Meu Deus!)

O jovem Afonso Paciléo, que havia vindo conversar comigo, é só um dos maiores Advogados Trabalhistas do país, com menos de 40 anos e mais de 40 mil processos ativos na Justiça do Trabalho. O escritório dele, na época, tinha quase uma dúzia de filiais pelo Estado de São Paulo todo. Um advogado bem-sucedido, com livros publicados etc.

Reparem a diferença de comportamento entre mim e ele.

Que tipo de profissional não é capaz de reconhecer minimamente um de seus pares, referência no ramo em que atua?

Não só não reconhecer, mas mal ter ouvido falar dele?

Eu era (e ainda sou) muito bom no que fazia: informado, atento, caprichoso etc. Portanto, o meu desconhecimento sobre quem havia vindo falar comigo não se tratava de desinformação, mas sim de arrogância.

É claro que eu estava desinformado, mas a minha arrogância bestial e juvenil foi a fonte desse erro grosseiro. Dessa desinformação, digamos, patética.

Não reconhecer a grandeza de quem está à sua volta, próximo de você e até te olhando é sem dúvida alguma um dos maiores erros que se pode cometer, tanto na vida pessoal como, principalmente, na vida profissional.

Ser arrogante, apenas uma única palavrinha (arrogância), é um misto de coisas terríveis que uma pessoa pode reunir, tais como: não ter noção do próprio tamanho, não ter noção do tamanho de seu semelhante, de seu colega, achar que sabe mais que os outros, que é indispensável, que os outros são dispensáveis, não fazer autocrítica ou bater palmas para si próprio, e por aí vai.

A arrogância é uma forma de "automentira". Um derivado da mentira, talvez. Sabe o que a arrogância e a mentira têm em comum?

Ambas te levam a um beco sem saída.

Um beco escuro, solitário e longínquo, a ponto de ninguém mais te ouvir. Um lugar aonde o socorro não chega, e sabe por quê?

Porque só você pode se socorrer.

A arrogância gera a antipatia de quem está à sua volta e com você, ainda que não dirija a eles a sua arrogância.

Os bons, aos poucos, um a um, vão se afastando de você.

Sozinho e "autossuficiente", você está no caminho certo rumo à derrota.

Não seja arrogante!

Mais do que isso, observe se você não está sendo, pois às vezes pode não notar o seu comportamento.

Esteja sempre com os ouvidos abertos, os olhos atentos, a mente segura porém observadora do seu entorno. Há alguém melhor e maior que você com quem você possa aprender, imitar, dialogar, ouvir, perguntar, e por aí vai. Isso é se despir da arrogância. É bani-la da sua vida.

Não ser arrogante é um requisito e tanto para crescer e prosperar em absolutamente qualquer segmento.

Não existe a paz onde há arrogância.

Repito: não seja arrogante!

Eis o meu terceiro e crucial erro, pois, mesmo sem foco e utilizando de maneira extremamente ruim a estabilidade financeira que eu ainda tinha, se eu não fosse arrogante, teria visto, ouvido e falado com um monte de gente que poderia me ajudar, me alertar, me corrigir, com o intuito de solucionar as duas questões anteriores a essa, mas aí este manual não existiria, e eu não iria me ferrar tanto a ponto de poder compartilhar isso com vocês.

Não seja arrogante!

4

Olhe (apenas) para o lado

A essa altura do campeonato, os três primeiros passos anteriores já mudaram completamente o seu norte, já haviam mudado completamente o meu.

Nesse novo norte, na verdade, sem rumo nenhum, aquilo que sempre deu certo, que sempre me sustentou, me presenteou e até me deu certos luxos, de repente, já não servia mais.

Até hoje eu me pergunto: "Por que diabos eu simplesmente mudei esse rumo, passei a achar que aquilo não me servia mais?".

Então, comecei a olhar para o lado.

Sabe aquele ditado que diz que "a grama do vizinho é sempre mais verde que a nossa"? Pois então, comecei a olhar para o lado e ver que aquilo que sempre foi certo, que eu sempre fui bom, que o que sempre me deu lucro e sustento não servia mais, e que o que os outros faziam era melhor.

"Agora não vou mais advogar, vou cuidar do comercial, ganhar dinheiro de verdade" (como se isso nunca tivesse acontecido na minha vida). Mas que burrice! Mas que burrice!

Qualquer trajetória de sucesso, uma vez ou outra, ou várias vezes e outras, vai ter percalços, uma hora vai "entrar menos", mas a burrice e a arrogância, naquela altura do campeonato, já haviam me deixado completamente cego. Ah... As más companhias também, mas falarei disso mais adiante, e, acredite, se você ler isso, vai começar a tirar "grandes amigos" (observe as aspas) da sua frente. Espere e verá.

Olhei para o lado.

Passei a ouvir conselhos de pessoas erradas, *sempre meio predisposto* a ouvir que o que eu fazia não era bom, não era o mais legal a fazer nem o melhor.

Da noite para o dia, decidi me tornar um advogado empresarial, mas um "empresarial socialista", com "responsabilidade social", afinal de contas, ganhar dinheiro é pecado para a "turma das ruas".

Do mesmo modo, eu queria um escritório moderno, mais bem montado, já que esse tipo de cliente não vai a qualquer lugar. Meu escritório já era legal, bem montado, eu sempre procurei investir nele, mas não, eu estava olhando para o lado, e o que eu era não era mais bom; melhor era ser como o outro, o que eu sou e tenho não é bom e por isso vou mudar.

Toda mudança é importante *quando você de fato precisa dela*. Quando você não precisa, é apenas foco perdido e, com isso, seus projetos, seu rumo, seu futuro e suas conquistas também se perdem.

Tudo privada abaixo.

Observem a diferença, nem tão sutil assim, entre ter a humildade de observar o seu entorno para aprender, absorver e incorporar, e olhar para o lado para fugir do que você faz, com a cobiça de ser diferente do que você é, julgando que o outro é melhor do que você e que é isso que você deve fazer.

Em uma situação, você é humilde e aprendiz; na outra, você é arrogante e despreza tudo que faz e fez, sem perceber que *está desprezando a si próprio* no final das contas.

Olhar para o lado para aprender é seguir o seu rumo de maneira segura e aperfeiçoada.

Olhar para o lado para fugir de quem você é e do que você faz é burrice. Aqui, a culpa de a coisa não ter dado certo você julga não ser sua. Ledo engano. Ingratidão.

Quando tudo estiver ruim e você estiver com dificuldade, pare, reflita, respire. Acima de tudo, reflita e procure ter um pouco de paz. Não tome decisões nessas horas. Elas certamente lhe trarão um ônus pesado.

Não olhe para o lado desejando ser outra coisa, até porque o desejo e a certeza de que é hora de fazer outra coisa, você só vai obter *olhando para dentro de você*. Jamais para o lado.

Não olhe para o lado.

5

Não pense antes de agir

Como vocês podem perceber, todos os passos até aqui (e os próximos também) são um resumão de como "não pensar antes de agir". Mas existe um requisito específico para esse tipo de idiotice.

Não pensar antes de agir.

Casado, com uma filha, uma empresa e um projeto de vida em ruínas, passei a resolver problemas, ou seja, ter que agir rápido e, consequentemente, sem pensar.

Logo no primeiro capítulo deste livro, demonstrei claramente ações que eu poderia ter tomado para não iniciar essa amarga e trágica trajetória rumo ao fracasso, e o que eu fiz de errado na prática.

Você pensa que acabou?

Na-na-ni-na-não!

Empréstimo bancário e aumento do cheque especial para investir na empresa (no erro, melhor dizendo). Ideia de gênio.

Eis um belo exemplo.

Quando você está num mar de problemas e as consequências desses problemas chegando, acredite, elas virão você fazendo merda ou não. O melhor a fazer é: *não fazer nada*!

Cara, se tem um momento em que não se deve fazer nada, é esse.

Não faça nada!

Pare!

Respire!

Observe!

Tenha paciência! Já ouviu falar disso?

Converse com seus amigos e não fique com vergonha de se expor para eles, ainda que você esteja completamente fodido como eu estava. Quem é seu amigo vai te ajudar; quem não é, aí está um bom momento para enxergá-lo melhor.

Depois de uma reflexão serena que pode até ser curta, aí sim você começará a agir e a se mexer.

Nessas horas, temos a tendência humana de ser influenciados pelos fatores externos, e por isso a chance de fazer a coisa errada é ainda maior.

Vá com calma!

Não faça como eu, que estava o tempo todo numa guerra, precisando mostrar força, armas e disposição. Ou seja, tudo que eu já não tinha.

Quando você para e pensa antes de agir, pode se surpreender com a conclusão de que não precisa fazer nada, mas *apenas parar de fazer o que estava fazendo (isto é, merda)*, para assim as coisas começarem a voltar se ajeitar.

Acredite: se eu tivesse parado, meus problemas automaticamente parariam de surgir.

Mas o erro imaginário que eu havia estabelecido na minha vida, àquela altura dos acontecimentos, já havia tomado conta de meus pensamentos, palavras e ações.

Não pensar antes de agir é um saboroso tempero para a dor. E como dói, meu amigo... Como dói...

A lição é esta: pense antes de agir.

Uma lição boba, mas que poucos fazem e pode nos trazer boas surpresas. como a do quinto parágrafo antes deste aqui. *Volte até lá e leia de novo.*

Vamos para o próximo passo.

6

Seja incapaz de fazer autocrítica para ver que sua ideia não é boa

Mesmo diante de sucessivos erros e ladeira abaixo, eu seguia investindo no meu escritório, apostando que ele precisava de uma nova roupagem para pegar clientes melhores (ignorando o fato de que minha clientela já era excelente e havia me dado muito dinheiro).

Estava acontecendo uma série de ideias e atos desenfreados e equivocados, más companhias (veremos a seguir) e uma incapacidade total de fazer autocrítica.

A autocrítica serve para você dizer a si mesmo o que está errado — ou se está tudo absolutamente errado, como era o meu caso —, aceitar humildemente o seu julgamento sincero consigo próprio, recuar, parar, recomeçar ou, até mesmo, desistir.

Sim... Desistir.

Esses memes de internet do tal "desistir jamais", "leões não recuam, chacais recuam", "não aceitar a derrota, nunca!", o memezinho do Rocky Balboa falando para o filho que a vida "é a capacidade de aguentar os golpes...", aqueles coaching da terapia de guerrilha que dizem que "se não deu certo, é porque você não se esforçou o suficiente, e a culpa é sua", são um blá-blá-blá infernal que não ajuda, atrapalha e entorpece completamente a capacidade de ter autocrítica. Uma *positividade tóxica*.

Somente com a derrota, e a repetida derrota, seguida do silêncio, da reflexão e da consequente autocrítica é que você vai conseguir perceber a linha tênue que separa a persistência da insistência.

Tendo humildade e autocrítica você vai visualizar isso, aceitar o seu recuo ou a sua desistência com resignação, dignidade e... alívio.

Seja autocrítico e honesto consigo próprio. *Sim, desistir é uma opção, e bem sábia muitas das vezes*.

Mas sem autocrítica tudo passa a ser apenas uma questão de ajuste, então vamos para meu próximo erro.

Alie-se às pessoas erradas

Diferentemente dos outros tópicos, aqui eu vou relatar os fatos reais (e surreais), em vez de apenas falar dos erros cometidos. Por isso, vou trocar o nome dos personagens por motivos óbvios.

Como se não bastassem os sucessivos erros que eu já vinha cometendo, isso (de se aliar às pessoas erradas) começou a ser uma tônica na minha vida.

Quando meu escritório virou palanque de socialistas malucos (e bem hipócritas), eu era o único que de fato era um Advogado com A maiúsculo. Que tinha um escritório, uma estrada na advocacia.

Aqui, honestamente, eu retiro um pouco da minha culpa. E com razão. De verdade, eu fui bem sacaneado por esses caras que passaram na minha vida. Sério mesmo, eles se aproveitaram bem da minha lealdade, do meu ímpeto e da minha estrutura. Mas o que é deles, a vida há de cobrar se é que já não cobrou ou não está cobrando.

Vamos começar.

Meu escritório se chamava Ricardo Russo Jr. Advogados Associados e, como eu já disse, estava bombando.

Mudei o rumo, a rota e a prosa pelos motivos que já contei no início desta obra. Com isso vieram as consequências, e a chegada das pessoas erradas foi uma delas.

Quando meu escritório levava só meu nome (e bombava, repito), eu já tinha entrado nas roubadas aqui narradas e comecei a presepada me aliando ao Leonel. O Leonel era membro de um grupo de Advogados que defendiam os manifestantes nos protestos de rua. Era um cara bem combativo, e eu me aproximei dele na ânsia de defendê-lo das injustas violências que sofria por tentar defender as pessoas nas ruas junto a seus outros companheiros.

Pouco tempo depois de nos conhecermos, ele já estava no meu escritório, mediante pagamento, para me ajudar.

Não trouxe nenhum serviço, nenhum dinheiro, não me ajudou e fazia pose com meu escritório.

Por meio dele chegou o Pereira.

O Pereira era um cara com quem o santo não tinha batido no início, mas isso logo passou, e, adivinha, ele começou a trabalhar no meu escritório por indicação do Leonel.

Eles ganhavam um fixo e uma porcentagem sobre as ações e os pagamentos advindos dos processos que eram do meu pai.

O Leonel era tão vagal, tirava tanto proveito do escritório, que o próprio Pereira começou a se incomodar.

O Leonel saiu, o Pereira ficou, e mais tarde, em 2014, meu escritório não levava mais apenas o meu nome e ele tinha virado sócio de fato e de direito, no papel.

O Pereira havia sido contratado e era pago para cuidar dos processos cíveis e me ajudar na administração do escritório.

Era um cara sem gratidão nenhuma pelo que ele era, pelo que tinha e por quem estava ao redor dele. Mais especificamente, eu. Porém, tinha a pose do bom companheiro, do camarada, e o Russo (eu) era um careta chatão. Ele fazia eu ser o chato da relação.

Desde o começo não se importou com o escritório, nunca me deu nenhuma demonstração de paixão pelo que fazia. Nisso, verdade seja dita, ele nunca mentiu.

Mas mesmo assim eu acreditei nele e quis incentivá-lo.

Reformei todo o escritório com meu dinheiro, deixei o lugar lindo, lindo, lindo. Contratei uma empresa de publicidade, fizemos um baita site, um baita logo, uma papelaria lindíssima. O cara não dava a mínima. Isso para ele era frescura, coisa de burguês.

Se dependesse dele, o escritório na sala de reunião teria pufes e caixotes de feira, paredes pichadas, afinal de contas ele era o cara das ruas, o cascudo, o socialista antissistema. Falava mal da polícia, defendia a resistência, escrevia textão nas redes sociais cheio de sentimentos revolucionários, tinha barba comprida, não penteava o cabelo, não usava gravata, via conteúdo cultural na pichação. É, ele defendia pichadores e via sentido nas pichações e nos vândalos pichadores. Inacreditável.

Era um cara que vivia preso em regras como: não seja cuidadoso com sua aparência; vestir-se bem é frescura, e quem faz isso é burguês; querer advogar para grandes empresas é um trabalho "desgraçado", pois é defender o "grande capital"; pentear o cabelo é coisa de babaca, e por aí vai...

Nesse tempo em que o tive como sócio — sendo eu o único efetivamente empreendedor nessa caminhada, depois da saída do Leonel —, ele teve a ideia de trazer a Laura.

Só que a Laura já veio num esquema diferente, a gente cobrou para ela entrar na sociedade e ela pagou.

A Laura veio de um baita escritório gigante, tinha muitos contatos, então eu vi nisso uma oportunidade que entrava em sintonia com o que eu queria profissionalmente.

Ledo engano...

A Laura era o Pereira na versão de saia.

Ia trabalhar no escritório toda maltrapilha, isso quando aparecia. E quando aparecia chegava às 11h da manhã, ia almoçar ao meio-dia, descia para fumar umas três vezes por dia, 17h ia embora, e o trouxa aqui se matando.

A Laura havia entrado na sociedade justamente para se livrar do fardo de trabalhar.

Fora que, quando ela entrou, mudamos tudo em relação à comunicação visual do escritório, um verdadeiro caos.

Em pouco tempo dentro do escritório, eu vi que ela era como o Pereira e, pela primeira vez, pensei: "Tenho que me distanciar dessas pessoas".

Então falei para o Pereira que eu queria sair da sociedade. Sim, o escritório era meu, os clientes eram meus, a sede era literalmente minha (pertencia à minha mãe), e, mesmo assim, eu queria me desfazer da sociedade.

Mas o Pereira acenou com a lealdade, fez um discurso todo emotivo no sentido de que eu era o cara (ele podia ser louco mas não era burro, eu era mesmo "o" cara), e decidimos que eu ficaria e ela sairia.

Ela saiu, mas tivemos que devolver a grana para ela e nos endividamos por causa disso. E o pior de tudo: a dívida foi feita no meu nome, que chegou a ficar sujo por conta disso, mas, com muito sacrifício e honorários de clientes que já eram meus, nós pagamos.

O Pereira, enquanto sócio, não colocou um real na empresa, não trouxe um cliente sequer efetivamente lucrativo e simplesmente *dividiu muita coisa que já existia* porque eu aceitei dividir, já que ele "cuidava" (entre aspas mesmo) das ações que eram do escritório do meu pai.

Sim, o cara ganhou de mão beijada um escritório pronto, coisa que nem o pai dele, que era um Advogado bem-sucedido, tinha dado para ele.

Teve um caso específico que eu dividi com ele, e o fiz com uma dor terrível no coração e me arrependo até hoje disso. Ele não fez nada para dividir aquele caso. Nada.

Aliás, ele nunca fez nada para se tornar sócio.

Eu fiz essa besteira, essa burrada, essa idiotice, porque achei que poderia mudá-lo, mostrar para ele que eu era um cara verdadeiro e aberto, que estava disposto a acreditar nele e por isso estava dando aquilo para ele.

Sabe o que eu ganhei em troca?

Porra nenhuma!

Houve dois casos específicos que selaram (graças a Deus) de vez o fim da nossa sociedade.

Ele havia levado para o escritório um caso que tinha até certa notoriedade: a abertura do Parque Augusta, a última área verde do centro da cidade de São Paulo.

Isso tomava um tempo absurdo dele, e era mais importante que qualquer cliente que pagava. Era 2016... 2017, talvez.

Em uma das reuniões de que participei, havia umas organizações não governamentais (ONGs) que estavam envolvidas e que de fato haviam contratado o Pereira. De graça, é claro.

Nessas reuniões, a prefeitura e o Ministério Público falavam na possibilidade de gestão da área por conta do terceiro setor (pelas ONGs), e passaram a ventilar os custos disso.

Para a minha surpresa, eram valores superiores a 20 milhões de reais.

Vinte milhões de reais, e o Pereira advogando de graça.

Conversei com ele sobre estudarmos uma forma de contrato com esse pessoal, tomarmos ações mais efetivas, receber um *ad exitum*.[1]

Ouvi um discurso romântico de que na "lei das ruas" isso não soaria bem, que a causa maior não era o dinheiro, e blá-blá-blá.

O pior de tudo é que ele me convenceu.

Muito contrariado, mas deixei passar por respeito.

O outro caso era de um cliente chamado Clodoaldo.

Clodoaldo era um mendigo que havia se abrigado na casa de duas senhoras e vendia tralhas na garagem delas.

Era uma casa bem velha, num bairro nobre de São Paulo, e havia sido vendida pelos irmãos dessas senhoras sem a anuência delas a uma construtora que, por sua vez, queria demolir o local para construir um prédio.

Uma dessas irmãs era doente, e o Clodoaldo ajudava a outra irmã a cuidar dela. Com isso, ele foi entrando para

---

1. Porcentagem sobre os valores recebidos pelo contratante ou contratantes.

a família e, consequentemente, ficou sabendo da negociação da venda da casa.

O Clodoaldo havia colocado uma faixa na entrada de sua casa "Procura-se advogado que entenda de Direitos Humanos, nós precisamos de ajuda".

Adivinha quem passou na porta da casa e viu a faixa?

Sim, o Pereira.

Pronto, nasceu ali uma amizade bem profunda entre eles, bem forte mesmo. Meu sócio havia se envolvido com eles num nível até espiritual.

O Clodoaldo tinha a causa e o discurso contra o grande capital das empreiteiras, e o Advogado dele era o Pereira, cujo discurso era totalmente alinhado com a postura combativa do Clodoaldo.

Clodoaldo era cabeludo e se apresentava como poeta e escritor. O Pereira colocava isso na procuração dele.

O Clodoaldo era maluco, ficava com uma faixa na porta do fórum, xingando uma das juízas do Fórum João Mendes e o dono da construtora que havia comprado a casa (de maneira bem controversa, verdade seja dita). Arrumou tanta confusão que em pouco tempo ele tinha aproximadamente uns oito processos em andamento dentro do escritório.

Não eram quaisquer ações, eram processos que demandavam tempo, complexos, e ele ainda era uma pessoa nada conciliatória que exigia o combate de seus Advogados.

Comecei a ficar de saco cheio disso. Todo mundo que conhecia o Clodoaldo alertava o Pereira de que era um cara que não queria nada a não ser um discurso, uma causa, e que ele, Pereira, deveria abrir os olhos e agir de maneira um pouco mais técnica e fria.

Mas isso entrava por um ouvido e saía pelo outro.

Cheguei a ter conversas duras com o Pereira por causa do maluco do Clodoaldo. Não aguentava mais esse cara e queria ele longe do meu escritório. O cara só nos trazia problemas, trabalho e, claro, não nos pagava rigorosamente um único centavo.

Um belo dia conversei com o Pereira sobre a possibilidade de fazer um contrato de honorários, pois existia a chance de a construtora oferecer um acordo em dinheiro para a porra do Clodoaldo.

Juro por Deus, eu ouvi as seguintes idiotices:

"Russo, o Clodoaldo não opera nessa lógica. Ele é um cara que vive fora do sistema e independente desse sistema. E o sistema não entende isso. E o sistema questiona isso. Não aceita. É inconcebível para esses caras (empreiteiros, do grande capital, e blá-blá-blá) entender como alguém como o Clodoaldo vive e sobrevive. Clodoaldo é um cara simples, porém extremamente inteligente, intelectual, um louco. Não liga pra isso. Quanto a isso (o contrato para nos resguardarmos), você pode ficar tranquilo. Clodoaldo nem pensa nisso (nos sacanear na hora de pagar)".

Pouco, mas pouco tempo depois, a empreiteira fez uma proposta de acordo de *600 mil reais* para Clodoaldo. Durante as tratativas de acordo, todo o zelo, o carinho e a atenção que o Pereira teve com o Clodoaldo foram para o ralo.

Clodoaldo deu um jeito de se desentender com o Pereira, alegando que o cara havia se vendido (uma verdadeira mentira), e usou isso como desculpa sabe para quê?

Para nos dar um calote!

Recebeu 600 mil reais e deu um chute nos seus Advogados. *Ele não nos pagou um centavo dos180 mil que deveriam ser pagos.*

O pouco que recebemos de honorários foi graças à parte contrária (a construtora, a empreiteira cruel e desumana do grande capital), que, por dó e lealdade processual, nos pagou alguma coisa.

Bom, foi a deixa para eu me livrar do Pereira.

Em 30 de maio de 2018, eu havia me livrado dessa sociedade que já era para ter acabado um ano e meio antes disso.

Fim de papo, mas não dos aprendizados.

Sabe o que o Leonel, o Pereira e a Laura tinham em comum?

Leonel morava numa mansão em Santana de Paranaíba, região de Alphaville.

Pereira morava num apartamento gigantesco e de cair o queixo nos Jardins, próximo à Avenida Paulista.

Laura também morava num belíssimo apartamento perto da Alameda Itu, outro nobre endereço da capital.

Nenhum deles pagou por seus estudos. Todos foram bancados pelos papais.

Todos tinham pais ricos que os ajudavam com moradia, mesadas e outros auxílios, ao contrário do discurso socialista e antiburguês que pregavam e defendiam ferozmente.

O socialista era eu, que havia estudado em escola pública a vida toda, que andava de ônibus, que tinha de arcar com todas as minhas contas e ainda ajudar a minha mãe. Que havia bancado os próprios estudos.

A lição aqui é a seguinte: a máxima de que "os opostos se atraem" é apenas uma regra da Física. Na vida real entre as pessoas e as relações, *isso não se aplica de jeito nenhum*.

Se uma pessoa é totalmente diferente de você, se a visão de mundo dela é totalmente diferente da sua, ela *jamais* vai olhar na mesma direção que você. E se ela não olhar na mesma direção que você, *jamais* vai querer seguir pelos caminhos que você pretende caminhar.

Por mais desesperado que você seja, ela não serve para te ajudar. Logo, tire-a da sua vida ou do seu projeto.

Aliar-se às pessoas erradas é como lançar uma âncora ao fundo do mar. Você não vai conseguir se mover. Simples assim.

8

Insista no mesmo erro (o nome disso é burrice)

— Mestre, quando eu vou parar de errar tanto? — perguntou o monge.

— Quando você se tornar uma pessoa mais experiente — respondeu o mestre.

— E como vou me tornar uma pessoa mais experiente? — replicou o monge.

— Errando — afirmou sabiamente o mestre.

Eu mereço um troféu!

Minha dificuldade em não identificar a linha tênue que separa a persistência da insistência era absurda (preste atenção nisso).

No dia em que me despedi oficialmente do Pereira, horas depois me encontrei com um cara que era — eu disse *era* — o meu melhor amigo.

Fiz um capítulo à parte para ele, mais adiante (10).

No meu caso, a insistência foi no erro de entender o que eu já deveria ter percebido fazia tempo, ou seja, que eu deveria aprender a liderar sem depender de sócio. Minha caminhada não era essa. Os sócios que passaram por mim só me prejudicaram, com exceção justa aos irmãos Malheiros.

Poucas horas depois do Pereira, à noite, já tinha me amarrado com esse meu amigo (hoje ex-amigo) e, meses depois, no mesmo ano, fizemos uma espécie de fusão com outro escritório, o dos irmãos Malheiros.

Claro que não deu certo.

Os irmãos Malheiros são caras superlegais. Honestos, trabalhadores, bons profissionais naquilo que fazem. Gente verdadeiramente do bem.

Mas estávamos em momentos distintos, e a visão deles de condução do escritório era totalmente diferente da minha. Tivemos nossos problemas, mas encerramos poucos meses depois, numa boa. Foi mais uma experiência que não deu certo, mas que me ensinou algo. Só isso. Deles eu não tenho um "a" para falar. A não ser coisas boas.

Um funcionário deles, que não estava mais contente trabalhando com eles, me pediu a oportunidade de seguir comigo, e eu topei.

Os irmãos ficaram um pouco chateados com isso, mas eu de fato não estava fazendo nada de errado: era um cara bom que não se sentia valorizado com eles.

Saí de lá e montei outro escritório com outra sociedade (a terceira), levei comigo o Daniel (nome fantasia do ex-funcionário dos Malheiros) e coloquei o nome dele na parede ao lado do meu. Adivinha... Ele havia virado sócio.

Da parte dele vieram dois clientes, até que razoáveis, mais do que todos os outros que haviam passado. Ele trabalhava bem, era um cara legal e bem-apessoado. Sua visão de negócio era bem alinhada com a minha. Mas tinha um defeito terrível: a covardia.

Daniel fazia de tudo para não ter que se comprometer frente aos problemas, fazia um esforço tremendo para sair correndo, não se posicionava de jeito nenhum. Tinha um histórico negativo por causa disso: havia sido sócio de uma grande empresa no ramo da terceirização e, após uma confusão entre os sócios (ele era um dos envolvidos), ficou com todos os problemas dessa empresa, justamente por não se posicionar como deveria. Não tem nem 30 anos e mais de 5 milhões de reais em dívidas. Não tem nada no nome dele, e o nome dele não pode aparecer em nada.

Essa covardia dele começou a se manifestar quando eu vi que a gente batalhava pra caramba para pegar cliente, pegar serviços, administrar o escritório, tocar o serviço que havia sido pego e, quando entrava um pouco de dinheiro, tínhamos que dividir por três — eu, ele e o tal do meu amigo, que não havia colocado um real na empresa, que não tinha palavra, pois tudo que combinava descumpria, não trazia cliente, não pegava serviços, vivia fazendo críticas a tudo e a todos, não reconhecia o esforço de ninguém e, para piorar, era excelente em cagar regras.

A essa altura do campeonato, eu já estava de saco cheio do "amigo" que havia se revelado um canalha, traíra e já queria tirar ele da nossa parceria (ele nunca foi sócio, nem de fato nem de direito), mas o Daniel não se decidia, vivia com medo.

Um belo dia descobri que esse amigo, além de me sacanear com dinheiro e ter se revelado uma pessoa nada confiável (e ganhando para isso), pegou um quadro meu que eu amava, que estava guardado no escritório dos irmãos Malheiros, e decidiu, por conta própria, entregá-lo para o Pereira sem me contar nada, à minha revelia. Fez escondido e tentou manter em segredo.

Eu já estava de saco de cheio desse cara a ponto de enchê-lo de porrada. Explodi com ele e expulsei ele do escritório pelo telefone, aos berros. Ah, e tinha mais: ele ficava dias a fio sem aparecer no escritório. Um chupim mesmo.

O Daniel, três dias depois, de madrugada, me mandou uma mensagem de despedida, dizendo que iria seguir sozinho. Mais tarde eu descobri que isso era mentira. Eles seguiram juntos por algum tempo, e, além disso, ele (Daniel) já estava se organizando com outra sociedade.

Coisas de covarde.

Beleza... Era um direito dele. Levou alguns clientes, me deixou no aperto. Mas passou. Como eu disse, o que é dele está guardado.

Enfim, eu dei toda uma volta e, incrivelmente, cheguei no ponto de onde eu havia partido, qual seja: eu estava, de novo, como dono do meu escritório e sem sócio. Mas dessa vez dei um basta em mim mesmo: *chega de errar!* Eu aprendi essas lições.

A manhã de 2 de setembro de 2019 havia se tornado o dia mais feliz e empolgante da minha vida depois de quase seis anos dando com a cabeça na parede. Eu estava empolgado. Sabia exatamente onde eu tinha errado, e agora ia seguir em linha reta, mais esperto com as experiências que havia vivido.

A lição aqui é a seguinte: insistir no erro é burrice, sim! Aprenda a identificar a linha tênue que separa a insistência da persistência.

Vou tentar exemplificar: você pega um caminho, dá com a cara na parede. Mas nessa parede tem uma placa dizendo: "Pegue o outro caminho". Nesse outro caminho você vai mais longe, pois aprendeu mais, mas não chegou aonde queria, deu novamente com a cara em outra parede. Nessa parede estava escrito: "Volte, siga o mesmo caminho, mas vire à direita no trecho 'tal' ao invés de seguir reto".

Você está persistindo em trilhar um caminho e chegar a um lugar. Você erra, mas naturalmente recebe os aprendizados para uma hora trilhar o caminho certo. Mas essa informação só vem se continuar tentando. O nome disso é *persistência*.

Na *insistência*, você dá de cara com a parede e, em vez de corrigir o trajeto, tenta derrubar essa parede com a porra da sua testa.

Eu me ferrei muito por não identificar que a minha persistência, na verdade, era mera insistência, mas isso teve um fim.

Finalize os erros repetidos. Saia desse círculo vicioso.

Se o caminho que você trilhou só te deu dor de cabeça e não lhe agregou nada, você está apenas insistindo.

Persistir é errar o caminho, mas perceber uma placa indicando para onde deveria ir. Se o caminho é curto ou longo, cada um tem a sua caminhada, e essa dica vai ajudar você a enxergar quando deixou de persistir e passou a apenas insistir.

9

Use mal o seu dinheiro

Para mim, usar mal o dinheiro se subdivide em uma série de outros comportamentos, tais como gastar muito e gastar errado, *dividir o que você tem e ganhar a troco de nada,* ser compreensivo demais com parceiros e sócios que não investiram como você ou não se dedicam tanto quanto você e tampouco reconhecem seus esforços.

Eu investi em reforma do escritório, em papelaria de uma sociedade que não deu certo (mencionei nos capítulos anteriores), reformei minha casa na praia, dividi lucros na ânsia de incentivar antigos sócios, tolerei toda e qualquer falta de reconhecimento, e por aí vai...

Buraco.

O dinheiro é exatamente como um objeto físico: quanto mais você tem, mais difícil fica para carregá-lo.

Junto ao dinheiro, você deve ter serenidade, sabedoria e inteligência.

Se você não sabe investir na bolsa ou como aplicar em ações, apenas guarde e não gaste em demasia com coisas supérfluas e desnecessárias, tampouco com manutenção de status.

Se tem um jeito mais idiota de você gastar o seu dinheiro, esse jeito é com status, pois o dinheiro empregado nisso, preste atenção, não é para você, é para os outros. Você usa para aparecer para os outros, portanto não foi usado para você. Isso é péssimo.

Tenha a humildade de reconhecer que não sabe usar o seu dinheiro e precisa aprender a fazê-lo. Primeiro você reaprende como usar a sua grana, tapa os ralos por onde ela escorria, aí você aprende a poupar, aprende a aplicar e fazer render, aprende a investir na bolsa (se você quiser), depois aprende como reinvestir esse dinheiro, e assim por diante.

Trabalhar com dinheiro é um processo em que você precisa ter concentração e não pode se afobar de jeito nenhum. Repito: *quanto mais você tem, mais difícil é para carregar.*

Quando você entende o "passo a passo" aí de cima, quando menos esperar, de repente, você abre a sua conta e pimba... Ela não está no vermelho, e tem alguns dígitos ali que você não esperava ver. Isso é bom.

Mentira! Isso é ótimo!

Então você pensa: "Legal, vou pagar contas (pois agora você sabe a importância disso). Opa... Espera aí. As contas já estão pagas. Caraaaaca!".

Essa sensação é libertadora: você aprendeu a trabalhar tão bem o seu dinheiro que "perdeu o controle" (para o seu bem, observe as aspas), a ponto de não notar que as contas foram pagas em dia, que o fato de parar de gastar errado e corrigir os erros fez o dinheiro reaparecer. O mais legal de tudo isso é que você já sabe como usar o dinheiro (repare que não usei a expressão "gastar"). Sabe que pode ir ao shopping comprar aquele relógio, aquela calça, talvez aquele celular, levar a gatinha ou o gatinho para um restaurante e, mais ainda, sabe que não precisa mais gastar tudo, que parte dessa grana vai ser destinada para alguma forma de aplicação e que isso vai ser somado com as entradas do mês seguinte.

Durante muito tempo, eu fui o cara que tinha uma máquina de fazer dinheiro, mas a vendi para pagar dívidas (piada). A duras penas aprendi e enxerguei cada erro cometido e, graças a Deus, aprendi com cada um deles.

Me lembro exatamente da sensação descrita acima, que foi se repetindo a cada mês. Ufa, enfim a quinta marcha de novo.

Não use errado o seu dinheiro.

Não ligue se precisa abrir mão do seu status.

Não ligue se ficar humilde financeiramente e aprenda com o seu erro.

Usar mal o dinheiro que você ganha suado é o mesmo que plantar uma árvore e podar os galhos antes de darem frutos. Ou seja, você tem a árvore frutífera (que é você mesmo e o seu trabalho), mas atenta contra ela e a impede de dar frutos (o seu dinheiro).

Por fim, é o seguinte — e este conselho é pautado na minha opinião e na minha experiência: não dê dinheiro de presente para incentivar o seu sócio ou prestador de serviço; se fizer isso, exija esse dinheiro de volta de algum modo; não invista sozinho na sua empresa: se você tem sócio, ele DEVE fazer isso com você; guarde o seu dinheiro e aprenda a pesquisar o preço daquilo que você comprar. Enxergue o ralo por onde o seu dinheiro vaza e tampe-o imediatamente; não tenha medo de recuar na aparência (status). Não use mal o prêmio pelo seu esforço.

10

Confie no seu "melhor amigo"

Logo de cara eu devo informar a obviedade de que essa regra, em hipótese alguma, é absoluta. Tem muito melhor amigo por aí que é, sim, de confiança, e que, se você resolver dividir o seu negócio com ele, vai alavancar as coisas, te ajudar e, consequentemente, melhorar sua vida.

O que estou dizendo é que existe, sim, muito a perder. E que existem os traíras, os ingratos.

No meu caso, o tal do meu melhor amigo se revelou uma pessoa extremamente invejosa, crítica, traiçoeira, mau-caráter e, pior ainda, aproveitadora.

Ele tinha uma energia terrível que fechava o meu caminho. Nada dava certo, e ele se deliciava com isso. Tinha um tesão descomunal por notícia ruim, por apontar o dedo para os erros dos outros (é claro... dos outros), um asco latente por fazer autocrítica e assumir os seus erros. Pedir desculpa? Impossível, ele "nunca errava". Conviver com gente assim, além de terrível, é mortal.

Quando usei a expressão "mortal", não foi sentido figurado, não. Gente assim te deixa mal, com raiva, ansioso, agressivo... doente. Não está nem aí para os sentimentos ruins que ela lhe provoca. Dependendo do seu estado de vida e espiritual... caixão e vela preta.

Vou citar dois exemplos do comportamento dele, de quando éramos adolescentes.

No primeiro exemplo, estávamos jogando futebol no estacionamento do prédio em que morávamos. De um lado tinha uma parede, do outro uma grade que separava o estacionamento do jardim. Eram os gols.

Ele era goleiro no gol que era a grade. O jogo estava equilibrado, e num certo momento de contra-ataque, saí cara a cara com ele, driblei e marquei o gol (eu sempre fui bom de bola). Mas não é que eu marquei o gol com a bola passando por cima da linha. Eu dei um chute forte, a bola bateu no fundo da rede (no caso, na grade) e voltou. O cara simplesmente pegou a bola e a repôs, como se nada tivesse acontecido. Ficou todo mundo olhando para a cara dele sem entender nada, e foi quando começou o show.

O cara simplesmente falou que a bola não tinha entrado, que não tinha tocado a grade, e blá-blá-blá.

Ficou todo mundo em silêncio e estupefato com a desfaçatez e a cara de pau dele; o Juneca (amigo nosso da época), que era do time dele, disse: "Mano, você tá louco! Como assim, a bola não entrou? Larga a mão de ser louco! Você está louco!". Enquanto todo mundo ria sem parar e sem entender que diabos tinha dado na cabeça dele.

Ele simplesmente deu o fora e largou a gente lá. Todo mundo riu e ninguém deu a mínima. Foda-se.

No outro exemplo, estávamos em casa eu, ele e a minha mãe (já deu para ver que crescemos morando no mesmo prédio). Minha mãe pediu para que eu fosse ao banco e eu o chamei para ir comigo.

Por conta da disposição em que estávamos no quarto, minha mãe tirou o cartão da bolsa e deu na mão dele para que pudesse me repassar. Num intervalo de três segundos ele fez um movimento de arco com o cartão e o cartão quebrou. *Ele quebrou o cartão na nossa frente.*

Instantaneamente ele virou para a minha mãe e disse: "Você me deu um cartão quebrado. Esse cartão está quebrado, será que vai funcionar?".

Minha mãe subiu nas tamancas com ele, não por ele ter dado uma de louco, mas por ter tentado fazer a nós dois de loucos. O cara quebrou o cartão na nossa frente e não se fez de rogado, alegando que o cartão havia sido entregue daquele jeito.

Eu lembro que eu tinha "rachado o bico" com a cara de pau dele e com a minha mãe quase batendo nele como se fosse a mãe dele (as mães e os filhos tinham intimidade para isso). Pensa que ele aceitou? Coisa nenhuma: "Gente, juro por Deus... O cartão já estava quebrado!".

Esse tipo de comportamento sempre foi comum e rotineiro da parte dele.

Ambas as situações ocorreram quando éramos adolescentes, tudo bem.

Mas agora pegue esse comportamento e transporte-o, sem tirar nem pôr, para a vida adulta já perto dos 40 anos.

Conseguiu entender o perfil desse cara? Consegue entender o homem intragável que esse sujeito havia se tornado?

Essas lembranças engraçadas do comportamento dele vieram à tona na minha cabeça quando eu estava refletindo sobre o porquê de esse cara ter me feito tanto mal, justamente a mim, que sempre fui um amigo legal, protetor, que vivia enaltecendo as suas qualidades. Que o admirava. Elas vieram à minha cabeça justamente para me mostrar o óbvio ululante: *ele sempre foi desse jeito, desde criança.*

Antes, era na pelada do estacionamento do prédio, ou em casa num momento *en passant*, mas depois isso se tornou grave na fase adulta, com questões sérias à frente.

Eu não enxergava simplesmente porque confiava. Porque éramos amigos (pelo menos eu sei que era).

Você conhece gente assim?

Se a resposta for positiva, tire-a do seu caminho imediatamente e não perca tempo tentando controlá-la. Ela não vai mudar. Gente assim odeia ver pessoas próximas que são melhores do que ela. Ainda que involuntariamente, ela vai tentar te destruir.

É como um odu.[2]

Tirar esse cara do meu caminho foi estranho por um lado e incrível por outro.

Foi estranho, porque éramos amigos havia mais de 30 anos e ele foi expulso do meu escritório aos berros, pelo telefone, depois de tudo de ruim que ele fez comigo. A última foi ter pego algo que era meu e simplesmente dado para outra pessoa. O cara tinha prazer em me irritar, em

---

2. Na umbanda ou no candomblé, os odus são energias que, quando ativadas em sua forma negativa, fecham seus caminhos e lhe trazem problemas em segmentos diversos ou específicos, tais como: profissional, saúde, na relação afetiva com outra pessoa, espiritual etc. Essas energias podem ser direcionadas de maneira positiva também.

me contrariar, em discutir comigo, em me ver cedendo. Um verdadeiro psicopata. Um doente.

Foi incrível, porque removê-lo da minha vida foi como tirar uma pedra que estava fechando o curso de um riacho e ver esse riacho voltando a seguir seu caminho e regando tudo por onde passava, ou seja, os frutos voltaram a crescer.

Sem dúvida alguma, tirar esse cara da minha vida foi revigorante. Tudo voltou a dar certo, as coisas começaram a fluir de novo, eu não ia mais para *o meu escritório* com frio na barriga. A motivação havia voltado com tudo, e agora eu tinha a experiência a meu favor.

O que este capítulo tenta dizer, na verdade, é que *pessoas tóxicas não podem nem chegar perto do seu projeto de vida*, ainda que se trate de um ente querido, um namorado, uma namorada, um marido, uma esposa, ou, como no meu caso, seu melhor amigo.

Afaste esse tipo de gente de você! Repito: *ela vai tentar te destruir*.

Numa versão mais moderada, você pode colocar no seu caminho alguém que não concorde com seus métodos e pense diferente de você sobre o mesmo assunto. A questão é: vocês vão conseguir superar isso sem afetar a amizade (ou qualquer outra relação que seja)?

Antes de trazer alguém com quem você tenha esse nível de convivência para dentro do seu projeto de vida, pare, pense, reflita sobre o que você tem a ganhar e o que tem a perder. O que é importante e não é. Avalie se o perfil da pessoa é legal para conversas na mesa do bar, mas se será legal também à frente do seu negócio, e por aí vai...

Eu perdi um "amigo" e dou graças a Deus por isso, pois de amigos como esse o inferno está repleto.

Mas pode ser que o seu amigo não seja um traíra. Será que uma discussão de negócios vale o riso?

É claro que você pode colocá-lo para ser seu sócio. O título deste capítulo serve apenas para ilustrar as pessoas tóxicas, quem quer que elas sejam.

Ah... Uma dica. Observe e tome cuidado para que você também não seja esse tipo de gente na vida de alguém, que provoca coisas e sentimentos ruins, que atrapalha a vida e o desenvolvimento dele, que deixa infeliz quem confia em você.

Essa conta vai chegar. É só uma questão de tempo.

11

Recolha os cacos — você aprendeu — é hora da virada

Bom, depois de todos esses anos indo ladeira abaixo, voltei a acertar, a coisa começou a fluir e tudo estranhamente voltou ao normal.

Eu digo "estranho" porque tudo ficou calmo, como se nada tivesse acontecido.

Propostas passaram a ser aceitas pelos clientes, serviços e clientes voltaram a entrar semanalmente, pessoas partiam, outras voltavam, outras novas chegavam. Ciclos se renovavam.

Tudo pode melhorar.

Eu espero que você, leitor, não desista dos seus projetos de vida e que este livro te ajude a refletir de maneira serena e verdadeira sobre o seu entorno (trabalho, relações, pessoas etc.).

Desistir é uma opção. Renovar o ciclo de amizades pode ser outra. Ficar em silêncio pode ser a saída para muita coisa. Rever a maneira como você gasta a sua grana também. Se você tem uma boa condição financeira, alguém por trás que te ajuda, é mais um motivo, e dos bons, para ter calma, serenidade e, acima de tudo, foco.

Foco é tudo, aliás. Quando se está focado, tudo conspira a seu favor. Não perca o seu foco. O foco é um tesouro, uma chave mestra e dourada para qualquer caminho.

Olhe onde foi que você errou e, mais do que isso, aceite que errou. Não é vergonha nenhuma, meu amigo, minha amiga!

Vergonha é roubar, matar, fazer filho e abandonar, passar a perna nos outros, tirar proveito da amizade de alguém, e assim por diante.

Errar, cair, chorar... Não, isso jamais será motivo de vergonha. Fique tranquilo, pois você não é o único que errou, que está errando ou que vai errar.

A vida é isso... Tentativa e erro. Uns erram menos, outros acertam mais. O importante é aprender e seguir com o plano, seguir com a vida.

Acalme-se, limpe seu caminho, reveja sua caminhada. Não tenha medo do novo nem do julgamento de quem quer que seja.

Recue se necessário, não se preocupe com o status.

Observe suas crenças limitadoras e dispa-se delas.

Por pior que você seja, você pode melhorar, pode aprender.

Por melhor que você seja, você pode cair, mas também pode continuar melhorando.

Tem um ditado que diz que, "quanto mais escura for a noite, mais próximo estamos do amanhecer". Esse ditado é real, mas é importante que você realmente esteja disposto a enfrentar a escuridão.

Lembre-se: o que vale não é a chegada. O que vale é a caminhada, é o caminho.

Se você não cometeu esses dez erros e leu este livro, então não os cometa.

Se você já os cometeu, tudo bem! Comece a corrigir as coisas enquanto ainda dá tempo. Peça perdão, seja perdoado, perdoe-se. Seja humilde e resiliente. Uma hora a vida vai parar de te cobrar... Ela cobra, meus amigos. Ela cobra.

Mas lembre também: você deve confrontar seus erros, suas fraquezas, aceitar que eles existem e que você foi derrotado ou envolvido por eles. Não há como corrigir seus erros se você nem sequer reconhece a existência deles.

A virada vai chegar para você, assim como chegou para mim. Basta aceitar que errou, corrigir os erros, refazer-se, encarar a vida e seguir em frente. Ela virá!

E, quando ela chegar, dê uma espiada lá atrás, veja todos os erros que você cometeu, todas as pessoas que passaram em seu caminho, quem você foi nesse período, quem foi o que para você durante essa caminhada, o que você fez e o que fizeram com você ou por você. O que você fez consigo mesmo.

Agora olhe para a frente de novo.

Você já sabe onde e o que deu errado. Agora vai... Tem um futuro tremendo te esperando. A vida lhe deu outra chance... Corra!

Eu agarrei a minha e não vou largá-la mais.

12

Agradeça

Quando comecei a escrever o último capítulo, parei e comecei a chorar.

Caraca... Eu sou o cara!

Eu não acredito que passei por tudo isso e sobrevivi.

Meu livro. Meu primeiro livro.

E graças a tudo isso que eu vivi.

Agradeça!

Tem saúde? Agradeça!

Tem comida na sua mesa? Agradeça!

Tem vestimenta? Agradeça!

Tem um teto sobre sua cabeça? Agradeça!

Tem alguém que te ama? Agradeça!

Ama alguém e é correspondido? Agradeça demais!

Saiu da cama andando quando acordou? Está esperando o quê? Agradeça logo!

Terminei de escrever este livro na madrugada de 25 de junho de 2021, mas, já no segundo semestre de 2019, eu tinha voltado a voar.

Meu escritório, já bem maior do que em 2019, está em reforma no bairro do Itaim Bibi, em São Paulo, capital. Eu prosperei muito financeiramente de 2019 para cá.

Se não conseguia vender planos de assessoria jurídica que variavam de 160 a 400 reais, hoje vendo *quase toda semana* uma prestação de serviço (jurídico) que desenvolvi pelo valor mínimo de 20 mil reais.

Amigos próximos e queridos que haviam sumido simplesmente se reaproximaram e voltaram a conviver comigo.

Um deles, ao contrário de tudo que relatei nesta obra, simplesmente investiu em mim, no meu projeto, no meu escritório, que, ao contrário de antes, dessa vez não era algo no plano do desejo, já era real porque eu tinha dado a volta por cima. Ele gostou, quis expandir os negócios dele e investiu em mim. Somos muito amigos, caminhamos muito juntos, e o melhor de tudo (além da amizade e companheirismo, é claro): a relação é de ganha-ganha, um ganha com o outro (ao contrário do passado, quando eu só perdia e outro ganhava na malandragem, às minhas custas).

Desde 2019 passei a cozinhar e entregar comida para moradores de rua como forma de agradecimento, pois foi nesse ano que me livrei efetivamente de todas as tralhas pessoais, emocionais, espirituais, materiais etc. Foi em 2019 que eu voltei a prosperar (e muito) espiritualmente e, como consequência, profissionalmente.

Cheguei aqui, nesta época, durante a pandemia de covid-19, vivendo, AGRADECENDO e vencendo. Voando!

Perdi quase vinte quilos em três meses, recuperei a minha forma física, quitei tudo o que devia e limpei o meu nome (eram mais de 400 mil reais em dívidas). Aprendi a ficar sozinho e a cultuar e gostar da minha companhia.

Como eu disse, várias pessoas maravilhosas que estavam longe se reaproximaram, entre elas o meu amigo Cesar, com quem eu havia começado o meu projeto lá no começo deste livro. Além da amizade e da parceria forte, claro, o ganha-ganha. Que cara!

Outras se foram, e eu dei graças a Deus. Outras se foram, e eu me entristeci.

A caminhada é assim mesmo, somos fruto das escolhas que fazemos, das ações que tomamos, daquilo que falamos, daquilo que pensamos.

A cada escolha, uma renúncia. Uma das leis da vida.

Eu fiz um plano e, dia após dia, eu o sigo serenamente.

O que eu tenho para te dizer é: observe esses dez tópicos e veja se estão presentes na sua vida e quais são eles. Agora você já sabe o que fazer (ou não fazer).

Fácil não foi, mas foi revigorante. Foi incrível.

Apesar do nome deste capítulo, eu não vou aqui adotar o clichê de "agradeça a tudo e a todos". Não. De jeito nenhum. Teve gente muito ruim que passou por mim e a quem não agradeço, mas, de verdade mesmo, eu me livrei de qualquer sentimento ruim a ponto de não desejar absolutamente nenhum mal. Que sigam e sejam felizes. Que arquem com as cobranças que a vida vai impor, pois eu sei que isso acontecerá. É a regra. É a vida.

Eu sou o Ricardo, e este livro retrata um importante período da minha história que eu quis dividir com vocês. Primeiro porque eu tenho muito orgulho da minha trajetória e de toda a força que eu tive e sou capaz de reunir quando é preciso. Segundo porque eu realmente quero ajudar alguém de algum modo.

E você... Quem você é?
Quem você foi?
Quem você tem sido?
Que história você tem para contar?
Que história você pretende escrever para si?

Espero que tudo dê certo para você.
Boa caminhada! É isso que eu te desejo!

___

@ ⓕ ⓘⓝ *@ricardosoaresrusso*
✉ *ricardorusso.jr@gmail.com*

Esta obra foi composta em Utopia Std 11,2pt pt e impressa em
papel Pólen soft 80 g/m² pela gráfica Meta.